DE LA RÉVOLUTION

QUI NOUS MENACE.

EXTRAIT DU JOURNAL DU NORD.

PREMIER ARTICLE.

Du 18 Janvier 1830.

Qu'une révolution soit imminente, qu'elle soit dirigée contre la religion catholique et le trône des Bourbons, c'est là une de ces vérités palpables pour lesquelles il ne se trouve plus guère ni incrédules ni hypocrites. Les complices qui la préparent comme les victimes qui ont à l'attendre, se réunissent à cet égard dans une effrayante harmonie d'opinion, et il faut laisser à ceux qui ont des yeux pour ne pas voir et des oreilles pour ne pas entendre, l'imbécile confiance que ce bruit sinistre des opinions qui s'agitent, des prétentions qui se heurtent, des doctrines qui se combattent, des passions qui frémissent ne sont que le prélude de la paix et de l'union. Laissons-là ceux qui dorment puisqu'un sommeil invincible ferme leurs paupières : il faut à ces hommes pour se réveiller, des coups de tonnerre. Puisse un semblable réveil leur être épargné ! Pour nous qui veillons, qui l'œil fixé attentivement sur la plaie, pouvons l'apercevoir s'étendant, s'agrandissant, s'aggravant chaque jour, mettons à profit cette triste clinique politique à laquelle nous assistons ; et puisque nous ne pouvons pas servir la société par des remèdes efficaces, faisons comme les hommes de la science qui, appelés en vain pour arrêter un de ces maux incurables qui affligent l'huma-

1

nité, la servent encore cependant en constatant avec attention les progrès de la maladie, les symptômes qui l'accompagnent et les causes qui l'ont produite, persuadés qu'un tems viendra où leurs observations mûries par l'expérience et le tems seront fécondes en moyens de salut.

Au milieu de l'effrayante anarchie qui divise l'intelligence humaine, au milieu de ce désordre d'opinions et de doctrines que l'on aperçoit partout, et parmi ceux même que l'on pourrait croire unis dans la communauté de quelques *sentimens* politiques et religieux, il est cependant trois principes saillans qu'il est facile de saisir et qui sont les grandes classifications de notre époque, en même-tems que son explication toute entière.

Ces trois principes sont, dans leur expression la plus simple :

> La souveraineté du peuple,
> La souveraineté des Rois,
> La souveraineté de Dieu.

En d'autres termes, les uns veulent que l'autorité, cette loi d'unité qui est la condition expresse de la société, réside dans la volonté diverse, contradictoire, opposée des individus. C'est-à-dire qu'ils veulent l'accord de parties qui s'excluent, l'association intime d'élémens qui s'éliminent, en un mot qu'ils veulent l'attraction au moyen de forces répulsives. La dissolution de tout ce qui existe, voilà ce qui sortirait d'une telle loi appliquée au monde matériel : la dissolution ou l'anarchie, voilà seulement aussi ce qui peut sortir de son application au monde moral.

Les autres, pour échapper à l'anarchie, veulent que l'autorité soit confondue avec la royauté, et bien que les partisans de cette opinion consentent à reconnaître que les Rois ne peuvent s'asseoir sur le trône que *par la grâce de Dieu*, ils pensent cependant qu'ils sont en droit de s'y soutenir *sans son secours.* Le dernier terme de cette doctrine est le pouvoir illimité d'un homme sur ses semblables , pouvoir dégradant qu'on appelle *despotisme.*

Il en est d'autres enfin qui ont d'autres besoins, d'autres vœux. Pénétrés d'horreur à la vue de l'anarchie qu'entraîne à sa suite la souveraineté du peuple, trop fiers et trop éclairés pour accepter les principes qui engendrent le despotisme, ils se souviennent de leur noble origine : ils savent que l'homme est né libre, que la liberté est le plus beau titre de sa dignité ; mais ils savent aussi que cette liberté ne les a affranchis du joug de l'homme que pour les rendre plus dignes du joug de Dieu , à qui ils doivent toute obéissance. Ils savent que cette obéissance lui est due par l'homme, parce que Dieu a fait l'homme : par la société, parce que Dieu seul a fait la société: par les Rois et par les peuples , parce que les Rois et les peuples sont sortis de la main de Dieu. Ils savent enfin qu'en Dieu seul réside *l'autorité*, parce que Dieu seul est *l'auteur* de toutes choses. Ce qu'ils demandent, c'est que cette autorité ne soit jamais méconnue , qu'elle soit la base de toutes les lois , de toutes les institutions , de tous les rapports politiques et privés. Ce qu'ils demandent , c'est que la société subsiste non pas dans l'intérêt de quelques tribuns audacieux , de quelques Souverains orgueilleux ou coupables , de quelque corps ambitieux et égoïste , mais dans l'intérêt de tous et de tout , et par conséquent sous la protection reconnue, avouée, proclamée de Dieu, de qui elle dépend dans toutes ses parties. Nous croyons pouvoir nous dispenser de donner un nom à cette doctrine.

Qu'on subtilise, qu'on mélange , que l'on combine , il faudra toujours en venir à reconnaître que toute opinion , quelque composée , quelque complexe qu'elle puisse être , aboutit , en dernière analyse , à l'une de ces trois origines. Nous nous en rapportons , pour la preuve , à la conscience de chacun.

Après avoir caractérisé les doctrines qui se partagent les opinions humaines, c'est à définir exactement la position respective des partis qui marchent sous ces divers drapeaux, c'est à calculer leurs forces et leurs chances de succès que consiste toute la question que nous nous proposons d'examiner et dont la solution doit mettre en évidence les périls qui menacent la société.

Et d'abord pour savoir si une révolution nous menace, recherchons rapidement comment une révolution nous a déjà atteints : car on nous fera grâce désormais, nous l'espérons, de cet argument absurde qui repousse la possibilité d'une nouvelle catastrophe par cela qu'une catastrophe épouvantable est à peine éloignée de quelques lustres ; on nous épargnera à l'avenir cette étrange assimilation qui voudrait nous montrer les nations soumises comme les individus, à ces maladies climatériques qui n'apparaissent qu'une fois dans une vie. Quelque bas que nous soyons descendus en fait de doctrines, nous pensons qu'il y a dans cette *fatalité* d'un nouveau genre quelque chose de trop grossier, de trop opposé à l'esprit *rationnel* de notre époque pour qu'il puisse s'en accommoder. Dans un tems où chacun a la prétention de rapprocher les causes des effets et les effets des causes, où l'habitude des déductions scientifiques a eu au moins ce résultat de faire reconnaître que chaque chose a une *raison* et que tout dans l'Univers est soumis à des lois invariables, il faut laisser de côté ces vœux impuissans qu'on donne pour des argumens, et ces espérances aveugles qu'on donne pour des démonstrations. Le tems est venu de regarder les événemens en face et de les soumettre à des interrogations sévères et complètes. C'est un devoir que chacun est appelé à remplir ; car lorsque c'est la société toute entière qui est mise en question, lorsque les attaques sont portées si avant que ses fondemens les plus intimes en sont ébranlés, il ne dépend plus de soi de mûrer sa vie et d'être spectateur tranquille et inactif de la lutte : alors ce n'est plus autour des trônes seulement que grondent les orages, mais leur bruit arrive jusqu'aux foyers domestiques et les Rois n'ont d'autre privilège sur les simples citoyens que la majesté des infortunes qu'ils sont exposés à partager avec eux.

On nous permettra donc de poser en principe que si la révolution de 89 a été le résultat de causes morales qui se présentent aujourd'hui avec une plus grande intensité, une explosion nouvelle doit nécessairement effrayer le monde et bouleverser la France, à moins que des mesures inespérées et peut-être dès à présent impossibles ne surgissent des volontés auxquelles le pouvoir a été remis.

Nous porterons donc un moment nos regards en arrière et nous consacrerons un prochain article à l'analyse rapide des tems qui ont abouti à la révolution française.

DEUXIÈME ARTICLE.

Du 19 Janvier.

Dans notre premier article nous avons établi que l'identité des causes doit amener l'identité des résultats et nous nous sommes proposés de rechercher, en rappelant quelques souvenirs, si les circonstances morales qui ont préparé la révolution française, ne se rencontrent pas, avec une effrayante analogie, dans notre situation actuelle.

Personne ne pense que la révolution française, si l'on entend seulement par ces mots l'époque de démence, de crime et d'usurpation comprise entre le serment du jeu de paume et l'abdication de Fontainebleau, soit une période isolée dans l'histoire. Tout le monde est d'accord sur ce point que les égaremens de l'Assemblée constituante, que les attentats de l'Assemblée législative, que le sang de la Convention et les fers de Buonaparte n'ont été que les conséquences d'un principe dès long-tems caché dans les entrailles de la société qu'il avait ruinée en tous sens.

Quel fut ce principe ? Les faits vont nous l'apprendre.

Deux grandes forces étaient particulièrement en présence, lorsque le mouvement révolutionnaire s'annonça : c'étaient la royauté et le peuple. Il ne leur manquait pour se mesurer qu'une arène et un signal : c'est à quoi les événemens ne tardèrent pas de pourvoir, car les événemens ne manquent jamais aux passions humaines pour s'y prêter, s'y plier et devenir les causes apparentes de ces mouvemens tumultueux, de ces perturbations sociales qui ne sont jamais cependant déterminés en réalité que par des idées et des doctrines. Aussi est-ce toujours à elles qu'il faut aller pour juger une époque, comme il faut aller à la base et creuser la terre pour apprécier la solidité d'un édifice. Qu'importe qu'il s'élève majestueusement au-dessus du sol, que les trésors de l'architecture aient été prodigués dans sa construction, si ses fondemens sont en péril ! Qu'importe également qu'une société se montre brillante et glorieuse, vaine de ses élémens matériels de prospérité, orgueilleuse de sa science, si au-dessous de ce faste, de cette ostentation, de cette abondance, il existe un principe de ruine! Un coup de vent renversera l'édifice : il n'en faudra pas plus pour renverser la société.

Quoiqu'il en soit, la lutte allait s'engager entre les grandes influences qui dominaient alors. Voyons à qui devait rester la victoire.

La royauté n'entrait en lice qu'à regret et en tremblant, car c'était elle qu'on attaquait et depuis long-tems déjà elle avait perdu le sentiment de sa force. Les querelles de Louis XV avec les Parlemens lui avaient révélé l'affaissement du trône, et c'est sous l'influence de cette triste révélation que la couronne était passée sur la tête de son successeur. C'était pourtant la royauté de Louis XIV qui s'en allait ainsi, au bout d'un seul règne, ruinée dans les fondemens si solides en apparence que le grand Roi lui avait faits, et il y a dans ce phénomène remarquable de quoi provoquer les plus sérieuses et les plus utiles réflexions. Comment en effet cette faiblesse soudaine là où la force paraissait à jamais empreinte ? Comment une chûte aussi rapide après une élévation aussi prodigieuse ? Un seul mot nous l'apprend. Louis XIV avait dit « *L'Etat, c'est moi* », et ce peu de paroles renferment l'explication que nous cherchons. Il n'est que trop vrai que les choses en étaient venues à ce point que la royauté en France était devenue presqu'exclusivement l'arbitre des destinées sociales ; elle avait oublié que cette soumission et cet amour qu'elle rencontrait encore dans ses sujets n'était pas son ouvrage , mais bien celui de la religion catholique , qu'enfin cette monarchie européenne dont elle faisait partie et qui avait resplendi pendant tant de siècles *avait été faite par les évêques,* comme le dit *Gibbon* lui-même. En un mot par une suite d'aggressions et de prétentions habilement dirigées , le trône s'était insensiblement accoutumé à récuser la souveraineté supérieure d'où il émane. La religion était encore proclamée la loi des sujets, mais c'était à la condition tacite qu'elle subirait la loi de la royauté. Les liens de subordination étaient véritablemeut rompus et la monarchie de Louis XIV devait s'écrouler parce que Dieu s'en était allé et que cet immense fardeau n'était plus soutenu que par un homme.

Loin de nous la pensée d'ôter un rayon à l'auréole de gloire qui environne le grand Monarque dont nous avons un moment évoqué le souvenir ! Certes peu de Rois ont plus que lui des droits à l'admiration de la postérité et les vertus chrétiennes qu'il sut déployer le défendent et nous défendent en même-tems des fausses interprétations que l'on pourrait donner à nos paroles. Oui sans doute Louis XIV fut un homme religieux et lorsqu'il laissa échapper ces significatives paroles : « *L'Etat, c'est moi* » , il n'était autre chose que l'écho des doctrines que le tems et un triste enchaînement de circonstances avait faites et imposées à la société.

Toutefois, et c'est ce qu'il importe spécialement de remarquer, ces paroles n'avaient été prononcées que pour comprimer des pensées qui déjà s'élevaient dans les esprits. Louis XIV, en déclarant que l'Etat était incorporé dans sa personne, n'avait fait que répondre à ceux qui portaient des doctrines d'usurpation dans le cœur et qui cherchaient à les réaliser par leurs actions : car s'il n'en avait pas été ainsi, si la plénitude de son pouvoir n'avait pas été contestée, quel besoin aurait-il eu de trancher la question à la manière d'Alexandre ? Un concours de circonstances dans le détail desquelles nous ne pouvons entrer avait fait succéder à l'époque de foi ou de raison sociale, une époque de doute et d'examen ou de raison individuelle. Les droits les plus sacrés et les plus authentiques avaient été méconnus par le protestantisme, et il était resté du vaste ébranlement qui avait atteint l'autorité religieuse une impression funeste dont la société entière s'était ressentie, et qui, agissant sur toutes les passions, les avait transportées dans une sphère nouvelle où les cœurs trouvaient à nourrir de vagues désirs d'indépendance et les esprits à former des combinaisons inusitées de liberté, combinaisons dangereuses parce qu'elles étaient fausses. C'est en présence de cet esprit nouveau qui grandissait en silence, que le pouvoir avait continué à s'isoler et à se faire *principe* de lui-même. Ce fut là sa faute, faute grande sans doute, si l'on en juge par les expiations terribles qui l'ont suivie ; ce fut là sa faute, car lorsque l'esprit de turbulence et d'usurpation vint demander à la royauté de quel droit elle s'imposait aux hommes à titre d'autorité sans appel, elle ne put répondre que par cette assertion qu'elle était l'autorité sans appel. Mais une assertion semblable ne pouvait pas être admise comme une preuve ; elle pouvait bien compter sur le respect public aussi long-tems qu'elle avait à s'appuyer sur le génie, la puissance et la gloire, mais elle devait tomber avec ces appuis et laisser alors la royauté nue, dépouillée et entourée pour toute défense du prestige

que la durée ajoute aux choses , prestige impuissant en présence de ceux qui veulent contester et qui se croient assez forts
pour contester.

Tels étaient les Parlemens , ce pouvoir sans droits , sans
légitimité comme sans mission politique, qui d'usurpations en
usurpations et surtout par son adresse à se mettre en harmonie avec les passions qui fermentaient sourdement dans
la multitude, était parvenu à se rendre le rival et le rival re-
doutable de la couronne. C'était à mesure que la royauté
s'était occupée à tracer un cercle autour d'elle et à se séparer
du principe dont elle tire sa force , que cette puissance avait
insensiblement grandi. Toujours attentive à profiter des circonstances qui pouvaient lui être favorables , elle n'avait
pas manqué de prendre acte , pour ainsi dire , des impres-
sions qu'avait laissées dans l'esprit public l'exercice d'un
pouvoir déclaré sans limites, et aussitôt que l'ascendant du
génie de Louis XIV n'avait plus comprimé ses prétentions ,
elle s'était hâtée d'entrer dans une lice qui dès-lors lui était
comme naturellement ouverte et où le pouvoir devait rester
au plus fort. Toutefois ce ne fut que progressivement qu'elle
afficha ses projets , et pour mieux en assurer le succès , elle
s'attacha de ruiner de plus en plus la seule influence qui pût
agir efficacement en faveur de la royauté. De là ces querelles
entre les Parlemens et le clergé, querelles d'autant plus
adroites que la royauté toujours aveuglée y servait, pour
ainsi dire , d'auxiliaire aux parlemens , querelles qui se ter-
minèrent et qui devaient se terminer par un triomphe complet
pour ceux-ci Ce rempart une fois abattu , les Parlemens se
trouvèrent face à face avec la royauté qu'ils attaquèrent d'autant plus ouvertement qu'ils avaient l'habitude et l'enivrement
du succès et qu'ils avaient d'ailleurs enrôlé à leur service les
passions d'indépendance qui s'étaient fortifiées de plus en
plus dans la société à mesure que le principe de la souveraineté de Dieu avait été plus méconnu et plus repoussé.

Mais ce que les Parlemens n'avaient pas vu, c'est qu'ils jouaient un rôle de dupes. Ils se croyaient les seuls adversaires de la royauté et ils comptaient qu'une fois celle-ci comprimée sous leurs efforts, ils deviendraient l'autorité culminante de la société, le pouvoir souverain d'où émaneraient toute règle, tout droit, toute législation. Au milieu de ces beaux rêves d'ambition, les Parlemens avaient oublié de regarder derrière eux et de se demander en vertu de quel mandat ils agissaient. Avec un peu plus d'attention que n'en permettent l'orgueil et la soif de la domination, ils auraient reconnu qu'ils n'étaient que des instrumens dont l'esprit public se servait habilement pour pousser la société à la limite extrême des doctrines anarchiques qui s'y étaient introduites sous l'influence des déviations que nous avons déjà signalées. Ils auraient reconnu que les applaudissemens que leur jetait comme un salaire, cette multitude qui prenait un intérêt si marqué à la lutte, annonçaient dès ce moment qu'ils ne s'appartenaient plus et qu'ils étaient aux gages d'un maître qui voulait bien approuver ses serviteurs de lui avoir donné l'exemple et les moyens de se montrer. En un mot les Parlemens étaient environnés de la popularité, non parce que le peuple était monté jusqu'à eux, mais parce qu'ils étaient descendus jusqu'au peuple dont ils n'avaient fait que servir les passions en pensant satisfaire les leurs propres.

C'est ce qu'ils virent enfin, mais il était trop tard ; c'est ce qu'ils virent avec effroi et remords lorsque le peuple vint à son tour se montrer en vainqueur et dire : « *L'Etat, ce n'est* » *pas le Roi, ce ne sont pas les Parlemens ; l'Etat, c'est* » *moi.* » Echo effrayant des paroles qui avaient été prononcées à moins d'un siècle de distance ; écho instructif néanmoins pour ceux qui savent l'écouter ; car il enseigne qu'une fois que l'autorité est déplacée de sa base, une fois qu'on l'a faite *homme*, si l'on peut s'exprimer ainsi, ce n'est plus qu'un jouet que les hommes se disputent et qui demeure aux plus forts et aux plus adroits , ou plutôt qui ne demeure à personne.

Si cette vérité avait besoin de démonstration , les événemens qui ont rempli la fin du dernier siècle et le commencement de celui-ci seraient certes de nature à la mettre en évidence. En effet , aussitôt le principe de la souveraineté de Dieu officiellement aboli , aussitôt l'homme proclamé hautement et sans restriction le maître de l'homme , la société fut engloutie sous un débordement effroyable de la force brutale. Ne parlons plus du droit des échafauds et de la légalité des massacres , puisque ces échafauds et ces massacres dont notre révolution fut si prodigue, ne peuvent être rappelés que pour faire sourire de pitié les philanthropes de notre époque et les profonds penseurs qui se sont constitués les prophètes infaillibles de notre prospérité future. Mais constatons qu'un bouleversement sans exemple , qu'un vaste naufrage de la civilisation et de la société vint couvrir la France de débris et d'ossemens et que la souveraineté du peuple s'épuisant dans ses propres fureurs , fut obligée, au bout d'un règne court par le tems, mais long par les crimes , de venir s'abdiquer elle-même en faveur d'un despote usurpateur , seul héritier qui fut digne de recevoir ce legs d'injustice , de désordre et de sang.

Le despotisme sentit la nécessité de rétablir l'ordre , mais il le sentit comme peut le sentir le despotisme , dans son intérêt seul ; et ses efforts n'allèrent pas plus loin. Il rappela la religion de son exil , mais en lui laissant les fers dont elle avait été chargée ; il lui rendit ses temples , mais à titre de prisons. En un mot , la religion resta asservie sous l'égoïsme profond d'un pouvoir usurpateur : et elle n'apparut enfin dans la société que comme ces victimes royales qu'on contraignait à suivre le char des anciens triomphateurs et qui ne gardaient leur pourpre et leur couronne , que pour rehausser par le spectacle de leur noble misère , l'éclat de la gloire décernée au vainqueur. Aussi le despotisme fit-il de vains efforts pour se créer un trône : ce trône resta toujours pour lui un assemblage de *quatre planches couvertes d'un morceau de velours.* C'est vainement que l'Europe entière vint courber la tête sous son joug de fer ; c'est vainement que la force, que les trésors de la terre, que le prestige de la victoire, que les cris de joie de la multitude vinrent se réunir pour soutenir ce colosse aux pieds d'argile, le tems arriva et il arriva bientôt que le colosse fut forcé de reconnaitre que le droit ne s'improvise pas au gré des hommes, qu'une couronne ne suffit pas pour faire un Roi, que le trône n'est pas plus la royauté que la tyrannie n'est la puissance, qu'il existe une autre force que la voix achetée des legions, que les stupides acclamations du peuple et que dans l'économie admirable des choses d'ici-bas, il n'est jamais de prescription pour l'expiation d'un succès illégitime, pour le triomphe d'une légitimité malheureuse.

Nous n'ajouterons pas d'autres réflexions. Les faits que nous venons de rappeler sont incontestables et leur propre langage suffit pour mettre en lumière le principe de désorganisation auquel il nous semble impossible de ne pas attribuer la secousse profonde qui nous a atteints naguère. Il s'agit donc de rechercher actuellement si ce principe se retrouve dans notre situation actuelle.

TROISIÈME ARTICLE.

Du 20 Janvier.

Nous avons dans nos précédens articles porté un regard en arrière ; nous nous sommes efforcés de manifester au grand jour par quelle voie le désordre est entré dans la société qui nous a précédés. Examinons maintenant la société actuelle et de quelle nature sont les germes de son avenir. Ici nous ne ferons encore que raconter.

Toutefois, avant d'aller plus loin, nous éprouvons le besoin de prévenir les réflexions qui pourraient s'élever dans quelques esprits ainsi que les interprétations erronées qui pourraient accueillir nos paroles et nos doctrines. Cette précaution aura d'ailleurs l'avantage de rendre plus intelligible ce qui nous reste à dire , et de mettre en pleine évidence les devoirs qui , dans l'état présent des choses , sont imposés à ceux qu'une volonté droite et consciencieuse rattache à la défense de la société.

Les événemens dont nous avons évoqué le témoignage nous ont montré la royauté compromise en quelque sorte par sa propre faute , en contribuant , dans sa sphère d'action , à affaiblir dans la société le sentiment de la souveraineté de Dieu. On a vu le trône en s'efforçant de se soustraire progressivement à cette dépendance salutaire d'où lui viennent sa force et son action légitime , s'entacher d'un grief de despotisme qui ne fut que trop bien exploité par l'esprit d'usurpation et d'anarchie. Nous espérons bien que l'on n'aura pas vu dans ce jugement, *l'intention* de fournir une *excuse* aux attentats révolutionnaires : mais il ne suffirait pas que notre intention fût mise hors de cause , si faute de les bien comprendre , on prêtait à nos principes des conséquences qu'ils ne comportent pas et qu'ils repoussent au contraire par une répudiation solennelle. Non sans doute , les erreurs du pouvoir légitime n'autorisent et ne peuvent autoriser jamais des entreprises de révolte et d'insubordination contre lui : non, le peuple n'a jamais le droit d'entrer en concurrence de souveraineté avec le trône , alors même que le trône oublie sa propre dépendance. L'insurrection des peuples restera toujours le plus grand des crimes , et ce crime pour lequel la justice éternelle a des trésors de vengeance toujours prêts, voudrait en vain tromper la raison humaine par des subterfuges qui viennent s'évanouir devant la vérité.

Et en effet , le pouvoir légitime étant une délégation de la souveraineté de Dieu, n'est, par cela, dépendant que de cette souveraineté même ; c'est là la seule compétence qu'il ait à reconnaître. Il peut sans doute abuser de son mandat, mais ce mandat lui reste toujours et l'abus qu'il en fait est une prévarication qui n'est justiciable que de l'autorité de laquelle il émane. Lorsque le peuple s'autorise donc d'une prévarication semblable pour se constituer souverain, il entreprend non-seulement sur l'autorité du pouvoir légitime, mais sur l'autorité de Dieu même dont il usurpe la souveraineté. En un mot le pouvoir légitime en oubliant cette souveraineté, c'est-à-dire en marchant au despotisme, dispose, quoiqu'abusivement, d'un droit qui a au moins sa racine quelque part, mais le peuple par cela seul qu'il se fait Roi se livre à une injustice si monstrueuse qu'il n'est pas de termes pour la qualifier.

Et la preuve qu'il en est ainsi, la preuve que le peuple en se faisant souverain réalise, pour ainsi dire, un miracle de désordre, une véritable impossibilité morale, c'est que la souveraineté du peuple n'a jamais existé. Qu'on renonce aux équivoques et aux fictions ; qu'on ait la franchise de se placer en face de la réalité ; qu'on n'appelle enfin *souveraineté* que ce qu'elle est en effet, c'est-à-dire l'exercice entier, libre, continu, réfléchi d'un pouvoir dominateur, et l'on sera forcé d'admettre notre assertion. On a bien vu, en effet, dans les tems anciens, la multitude s'agiter sur les places publiques, pousser des cris de fureur contre ses chefs, leur faire expier le triomphe du Capitole par le supplice de la Roche-Tarpéïenne ; mais en définitive, la multitude, toujours passive au milieu même de cette apparente souveraineté, n'était qu'un instrument terrible entre les mains de quelques ambitieux habiles à s'en servir au profit de leur élévation : et cette illusion de liberté, ce vain prestige d'indépendance, cette moquerie de toute-puissance ne servirent jamais qu'à lui préparer une nouvelle domination et le plus souvent une nouvelle et plus dure tyrannie. On a bien vu aussi dans les tems modernes des hommes en délire briser les trônes, décréter le supplice des Rois, légaliser la déchéance de Dieu et proclamer les droits du peuple à une souveraineté absolue, mais la conscience publique est là pour proclamer à son tour que cette prétendue souveraineté du peuple ne fut autre chose que le règne épouvantable de quelques bourreaux dont les noms tracés en lettres de sang seront transmis de siècle en siècle à l'exécration du genre humain, et que ces bourreaux aussi incapables de donner à la multitude la royauté qu'ils lui promettaient qu'impuissans à garder pour eux-mêmes leur pouvoir usurpé, ne se montrèrent un moment à la société abattue que pour épuiser tout ce qu'elle avait de sang innocent et tourner ensuite contr'eux-mêmes leur tyrannie furieuse.

La souveraineté du peuple ne peut donc pas exister puisqu'elle n'a jamais existé. Elle n'est donc qu'une chimère effrayante, une erreur dont la profondeur ne peut être mesurée. C'est à proprement parler la négation de tout ordre social et par conséquent vouloir la conquérir, c'est vouloir conquérir le néant.

De là, il résulte que lorsqu'une collision funeste s'est établie entre ce principe essentiel de destruction et le pouvoir légitime, c'est à ce dernier que l'on est tenu par le devoir le plus impérieux de se rallier et de s'unir. C'est à lui qu'il faut apporter le tribut de ses efforts, de son dévouement, de son courage, alors même que par l'effet spontané de sa volonté ou par l'entrainement des circonstances, le pouvoir se serait écarté de sa mission et de son mandat. Que les avertissemens et les conseils de la vérité soient donnés au pouvoir qui s'égare, c'est là un droit imprescriptible de la conscience, mais ce droit n'existe qu'à côté et à cause du devoir de soumission et de fidélité qui ne peut recevoir d'altération à l'égard des Princes légitimes. Que si ces conseils et ces avertissemens restent méprisés ou impuissans, dévouons-nous encore, c'est la part des sujets et tremblons toutefois pour la royauté à laquelle nous nous dévouons ; car Dieu reste qui a des secrets pour rendre stérile le secours des hommes.

Ce peu de mots suffiront, nous l'espérons, pour déterminer la portée et le sens de nos doctrines. Nous reviendrons en conséquence dans un prochain article, à l'examen des faits dont nous avons un moment interrompu la narration.

QUATRIÈME ARTICLE.

Du 23 Janvier.

Lorsque par une faveur signalée de la Providence, les Bourbons furent rendus aux vœux comme aux besoins de la France, un désir immense d'ordre était le sentiment général de la nation. Mais il ne suffit pas pour que l'ordre renaisse, d'en sentir le besoin et de le désirer ; il faut le vouloir et le vouloir aux conditions par lesquelles seules il peut exister. Or, il n'en était pas ainsi : les tems et les événemens antérieurs avaient légué, au présent, des générations profondément infectées de préjugés et d'erreurs qui toutes tendaient à conserver vivant, au milieu même des sentimens non douteux d'amour, qui avaient accueilli la restauration, le principe des gouvernemens de fait. La domination immorale de la force avait dégradé les intelligences, et celles-ci ne trouvaient d'action que pour s'élever aux considérations étroites d'une politique toute matérielle. On en était toujours à expliquer les désastres de la révolution par le fameux déficit, et ce qui rattachait le plus grand nombre à la restauration, était moins la renaissance d'une ère de legitimité que la renaissance d'une ère de crédit. Cette multiplicité de gouvernemens qui s'étaient si rapidement élevés et renversés dans l'espace d'un quart de siècle, cette instabilité du pouvoir qui avait pris toutes les formes et épuisé tous les genres d'usurpations et de tyrannies, avaient produit une fatigue d'innovations à laquelle on avait hâte d'échapper en se confiant à quelque chose de durable : et l'on s'était jeté au-devant des Bourbons parce que dans tous les essais de gouvernemens qui avaient été tentés, on n'avait rien trouvé qui pût remplacer leur sceptre paternel. Mais en renonçant aux conséquences on ne renonçait pas aux principes. On enlevait l'image, mais on laissait le cadre, et c'est dans ce cadre de la révolution qu'on prétendait placer la légitimité du trône.

De cet état des esprits sortit la Charte. C'était dans les magnanimes intentions des Bourbons, le gage de la réconciliation, le pacte d'union qui devait renouer la chaîne des tems et ne laisser subsister de tous les souvenirs éloignés ou récens que le souvenir de l'amour et du dévouement réciproques qui avaient uni pendant si long-tems les Rois de France à leurs peuples. Cependant, autour de cette Charte qui devait être l'autel de la concorde, s'élevèrent bientôt les opinions les plus opposées, les interprétations les plus contradictoires. La voix nationale l'appelait une transaction destinée à terminer les débats, et c'était de cette transaction même que de graves débats surgissaient. Les uns la voulaient octroyée, les autres consentie : il y eut une opinion exprimée dans les mots *le Roi et la Charte* et une autre opinion dans les mots *la Charte et le Roi* : distinctions importantes en effet si l'on se rappelle les différentes variantes par lesquelles le langage révolutionnaire avait passé pour nommer d'abord le Roi après la loi, ensuite après la nation et enfin pour ne plus le nommer du tout...... Le 20 mars était d'ailleurs un commentaire éloquent et significatif de ces combinaisons de mots qui osaient s'essayer après les prodiges de clémence que le court exil de Gand avait donné occasion aux Bourbons de déployer. Le poignard de Louvel et les conspirations qui éclataient dans diverses provinces furent des explications nouvelles et effrayantes des doctrines qu'on prétendait trouver dans la Charte. Enfin d'audace en audace, d'ingratitude en ingratitude, les âmes se mirent peu à peu à découvert, et il fut bientôt impossible à la royauté de ne pas reconnaître qu'au lieu de fermer la carrière, elle l'avait ouverte de nouveau et qu'elle s'y trouvait en face de l'ennemi qui une fois déjà l'avait abattue.

Il était dès ce moment facile de voir que la Charte n'avait rien produit pour la régénération sociale et qu'elle n'avait fait que reprendre la question aux mêmes termes où la révolution l'avait trouvée, sauf cependant une différence considérable, celle du triomphe obtenu une fois par le principe de la souveraineté du peuple, triomphe qui outre l'influence corruptrice qu'il avait exercée sur l'esprit public, avait laissé en grand nombre des souvenirs, des regrets, des espérances coupables. Nous disons que la Charte n'avait rien établi de concluant pour la société; et en effet la révolution, telle que nous l'avons montrée dans sa cause essentielle, n'avait été autre chose qu'une lutte engagée entre la royauté et le peuple dans l'absence d'une autorité infaillible qui pût juger entr'elle et lui et imposer sa décision sans appel. Or, dans quelque hypothèse qu'on se place, soit que la Charte fût un acte de la munificence royale et que le trône en se liant lui-même ainsi, eût agi en vainqueur généreux, soit qu'elle fût une concession arrachée à la résistance de la royauté par l'influence encore puissante de l'esprit révolutionnaire, il n'en résultait pas moins toujours que c'était un contrat dont l'exécution ne pouvait être garantie qu'autant que la volonté des deux parties resterait étroitement unie ; et qu'en cas de dissidence, aucun tribunal compétent, aucun juge souverain n'étant appelé à intervenir pour faire recevoir son arrêt, une nouvelle lutte en déciderait seule. Or, que l'harmonie subsistât inaltérée, c'est ce qui ne pouvait être dans l'état des choses.

Toutefois les plaies qu'avaient faites l'anarchie et le despotisme étaient encore trop récentes pour que le principe de

la souveraineté du peuple pût avouer ouvertement ses conséquences. Il y avait d'ailleurs , comme nous l'avons dit , un
sentiment d'amour pour les Bourbons et une lassitude d'innovations qui luttaient en faveur du trône légitime contre les
principes dogmatiques d'usurpation qui travaillaient sourdement la société. C'est cet état contradictoire, ce combat
intérieur entre le sentiment qui voulait s'entretenir malgré le
principe et le principe qui cherchait à prévaloir malgré le
sentiment qu'étaient dûs ce malaise indéfinissable , *cette
inquiétude vague mais réelle* qui tourmentaient la société et
la rendaient comme impuissante à jouir du repos apparent et
de la prospérité véritable que lui avaient apportés les Bourbons.
Quoiqu'il en soit , le moment n'était pas venu pour une lutte
ouverte et déclarée. Le principe de la souveraineté populaire
cherchait un allié dont il pût se fortifier et par le secours du-
quel il pût ruiner le sentiment qui lui faisait obstacle. D'un
autre côté la royauté , privée de son point d'appui naturel ,
en cherchait un dans les combinaisons sociales que les événemens avaient faites. De ce double besoin naquit *la légalité*.
Ce fut à ce qu'on appela *l'ordre légal* que d'un commun accord on s'adressa pour résoudre toutes les difficultés qui
s'élevaient. Ce n'était en définitive que changer la question de
place et désigner un terrain pour se combattre , terrain toutefois couvert de dangers pour la royauté ; attendu que l'ordre
légal se composant de tous les *désordres légaux* qu'avaient
enfantés nos discordes publiques , la royauté ne pouvait y
trouver que des armes avec lesquelles elle courait risque de
se blesser elle-même. Quant à la multitude, elle jeta un
grand cri de joie , parce qu'elle crut qu'enfin le moyen avait
été trouvé de consommer l'alliance de ses principes et de ses
sentimens.

La loi ; la loi humaine; la loi, telle que la révolution l'avait
faite; la loi, changeante et variable comme les rapports mobiles
qu'elle est destinée à constater un moment ; la loi , fruit de
l'arbitraire et du despotisme ; la loi , dépôt des erreurs et des

contradictions humaines ; voilà quelle fut *la souveraine de la société*, *l'autorité infaillible* destinée à donner le mot de toutes les énigmes , le remède pour tous les maux , la répression pour tous les désordres , le calme pour toutes les agitations. Chacun aborda cette nouvelle puissance à sa manière , la royauté lui demanda de la justice, la multitude de l'inflexibilité ; l'esprit révolutionnaire seul lui demanda ce qu'elle pouvait donner , c'est-à-dire , des actes conformes à son principe.

Ces actes abondèrent; ils furent ce qu'ils devaient être , des instrumens de ruine pour le trône , des guides trompeurs pour la multitude qui y vit la sanction de ses principes , des ovations et des triomphes pour le principe de la souveraineté du peuple. Ces actes abondèrent ; mais il faut le dire , la loi toute féconde qu'elle fût en conséquences de cette nature, ne fut pas seule à assumer sur elle la responsabilité de ces nouvelles blessures qui furent portées au trône et à la société. Si la loi est inflexible , le magistrat peut ne pas l'être toujours, car il porte un cœur d'homme ; son oreille peut se plaire au bruit de la popularité dangereuse qui lui est promise ; la renommée peut lui faire l'illusion de la gloire, et l'interprétation inviolable du juge peut être quelquefois l'inspiration de l'orgueil et de l'esprit de domination. En termes plus clairs , les conditions dans lesquelles la société s'était trouvé engagée , avaient , en faisant surgir la souveraineté de la loi humaine , fait des organes de cette loi un pouvoir réel qui était appelé à exercer une influence d'autant plus grande que sa force était toute morale et qu'assise sur un sentiment de respect public , elle pouvait se développer avec confiance et efficacité. Dans cette position élevée et qui dominait en réalité tout l'horizon politique , de grands devoirs lui étaient imposés : devoirs que les événemens antérieurs avaient certes dégagés de tout voile et de toute incertitude ; devoirs que les Parlemens eussent remplis si les Parlemens éclairés par l'expérience avaient pu sortir du gouffre révolutionnaire, car s'ils y avaient entraîné le trône avec eux, c'est qu'ils avaient été aveugles encore plus que coupables ; devoirs , en un mot , qui n'ont pu être méconnus qu'en faisant peser sur la pusillanimité qui en a craint l'accomplissement ou sur l'orgueil qui les a méprisés, une responsabilité terrible dont le poids est plus lourd que l'injuste animadversion dont les passions populaires menacent le magistrat intègre qui, fidèle à la loi autant qu'à la société , sait voir la société et la loi autre part que dans les caresses des partis, les vertiges des factions ou l'ambition de l'esprit de corps.

Dans l'analyse rapide qui fait l'objet de cet article , bien des fautes , bien des erreurs se sont révélées à nos investigations. Ce n'est pas tout cependant et il nous reste encore à compléter par quelques traits importans le triste tableau de notre situation.

CINQUIÈME ARTICLE.

Du 24 Janvier.

Poursuivons l'histoire de nos maux. Il est triste, sans doute, d'en sonder comme nous le faisons toute la profondeur ; mais le premier besoin de toute société, c'est la vérité, et ce n'est pas avec des illusions, des fictions et des réticences que les peuples se sauvent.

Au milieu du limon impur que le torrent révolutionnaire avait déposé sur la société, celle-ci n'était pas cependant sans contenir des germes féconds de salut. Le sang des martyrs avait coulé sur l'échafaud, et ce sang précieux en lavant toutes les souillures auxquelles une situation trop prospère avait exposé les ministres d'une religion qui ne vit que de sacrifices et d'abnégation , lui avait rendu des organes dont la haute vertu était de nature à exercer la plus heureuse influence sur le mouvement social. D'ailleurs les événemens éloquens qui avaient rempli la scène politique n'avaient pas été muets pour tous , et une foule d'hommes d'élite , de caractères vigoureux , d'esprits éminens apportaient à la vérité le tribut d'une voix puissante et d'une volonté ferme. C'étaient là les ressources ménagées par la Providence. Voyons comment elles furent mises à profit.

Dans tous les tems d'agitations politiques et lorsque l'esprit général d'une nation est poussé, par suite de commotions sociales, dans le champ des théories, il y a deux espèces d'hommes à distinguer, soit du côté des doctrines de conservation, soit du côté des doctrines de désordre : ce sont les hommes à principes et les hommes à expédiens. Les premiers inflexibles et invariablement attachés aux doctrines que la passion de la vérité ou la passion de l'erreur leur a fait adopter, ne voient dans les événemens et dans les choses, que ce qui s'y trouve renfermé de conforme ou d'opposé au but où tendent ces doctrines. Parfaitement instruits d'ailleurs des conséquences qu'elles portent dans leur sein et ne reculant devant aucune d'elles, ce sont ceux-là qui, dans la réalité, mènent la société, parce qu'affranchis de toute illusion et de toute préoccupation d'intérêt secondaire , ils savent saisir d'une main ferme un moteur capable de remuer les hommes et que toutes leurs démarches ont une force logique qui entraîne invinciblement à leur suite et jusqu'en face du principe même ceux qui avaient cru pouvoir s'arrêter à telle ou telle conséquence. Quant aux hommes à expédiens, toujours livrés à des rêves d'harmonie, à des fusions de principes qui s'excluent, à des arrangemens de doctrines dont la destinée et la nature sont d'être constamment en lutte , ils prodiguent les efforts de leur esprit à trouver le point insaisissable qui sépare la vérité de l'erreur ; et toujours persuadés qu'il s'est révélé à leurs investigations, ils viennent pompeusement sommer la société de reconnaître l'infaillibilité du dogme conciliateur qu'ils ont imaginé : mais la société s'arrête à peine pour les écouter et continue son chemin poussée, comme malgré elle , par les principes auxquels seuls il est de sa nature d'obéir.

Ce furent malheureusement des hommes de ce genre que la royauté appela le plus souvent à son secours. Ces ministres tout fiers d'une impuissance qu'ils appelaient de la modération et d'un aveuglement qu'ils appelaient de la sagesse, bornaient tout leur dévouement et toute leur capacité tantôt à se dissimuler le mal , tantôt à s'en déguiser et à en déguiser la véritable cause. Pleins de confiance en eux-mêmes et dans les combinaisons artificielles dont l'étrange variété pourrait être regardée à elle seule comme leur plus accablante accusation, ils s'accordèrent tous en un point , ce fut d'empêcher la vérité d'avoir une part dans la liberté dont on était si prodigue en faveur de la malveillance et de l'erreur. Ils connaissaient des remèdes à tout, sauf aux obstacles que la religion catholique pouvait opposer à leurs projets. C'était là un tiers importun dont il fallait avant tout se débarrasser et dont l'alliance avec le trône était soigneusement repoussée comme une gêne et une entrave pour celle - ci. Aussi la liberté des cultes , telle qu'on eut soin de l'interprêter , ne fut-elle qu'une servitude réelle pour le catholicisme , et le gouvernement profita du soin qui lui avait été solennellement commis par la Charte de protéger la religion de l'Etat , pour l'asservir et la contraindre. Il lui fallait un privilège , on lui donna celui d'être calomniée et persécutée. Chose singulière et à jamais digne de remarque ! Tandis que les religions dissidentes, tandis que l'esprit d'impiété lui-même demandait au gouvernement ainsi qu'aux tribunaux et obtenaient de l'un et de l'autre le droit légal de se produire librement jusques dans leurs dernières conséquences ; tandis qu'aucun moyen de succès n'était refusé à leur prosélytisme , la religion catholique était frappée d'interdiction ; la loi trouvait des sévices contre ses institutions , des précautions flétrissantes contre son esprit , des condamnations et des exils pour ses organes. Mais aussi quel résultat précieux était promis à cette persécution systématique , à cette violation injuste, mais salutaire des droits les plus sacrés , les plus authentiques , les plus reconnus ! Quel besoin était-il de respecter à l'égard de la religion catholique les conventions de liberté dans lesquelles elle avait été non-seulement comprise, mais spécialement et distinctement désignée ! N'était-ce pas elle qui troublait l'harmonie entre le Prince et ses sujets ? N'était-ce pas elle qui faisait peser sur le trône des soupçons de despotisme ? N'était-ce pas elle qui portait obstacle à la confiance du peuple envers la royauté et de la royauté envers le peuple ? C'est ce que comprirent les mandataires du trône : ils lièrent les mains à la religion catholique , ils la flagellèrent et lui portèrent des coups honteux , et en cet état ils la montrèrent aux passions populaires en leur disant : « *Voici votre* » *Roi.* — *Non*, *non* , s'écria la multitude , *nous n'avons* » *d'autre Roi que César !* - *Que voulez-vous que nous fas-* » *sions de celui-ci ?.....* » Arrêtons-nous , car il est des citations que l'émotion ne permet pas d'achever. Qu'il nous suffise de savoir qu'il se trouva d'autres Pilate et qu'eux aussi se lavèrent les mains.....

Ce fut donc une condition expresse de ce déplorable système de gouvernement que les hommes à doctrines fortes et vraies fussent répudiés par la royauté et mis en état de suspicion dans la société. Pendant ce tems , les hommes à principes de la révolution tiraient parti de ces fautes inouies du pouvoir. Eux aussi , eux surtout s'écriaient *qu'ils ne voulaient d'autre Roi que César* , car c'étaient eux qui avaient appris à la multitude ce secret perfide de donner à la royauté des *leçons* sous forme *d'hommages* et de la trahir par des baisers. Eux aussi demandaient à grands cris à la royauté de se dégager des chaînes qui pesaient encore sur elle ; et la royauté avait beau tout accorder , tout céder jusqu'à la sûreté du trône, c'était avec une nouvelle hypocrisie et une nouvelle fureur qu'on s'écriait encore : *Nous ne voulons d'autre*

Roi que Cesar. Cependant la royauté regardait autour d'elle, cherchant ce qui pouvait encore porter obstacle à l'union du trône et du peuple ; mais rien ne se présentait à ses regards. Toutes les exigences , elle les avait satisfaites ; tous les scrupules populaires , elle les avait appaisés ; toutes les anti-pathies de la multitude , elle leur avait enlevé jusqu'au der-nier prétexte. Enfin il lui fallut bien reconnaître que ce qui blessait ces esprits si avides de la liberté du trône, ce que en-tretenait ces plaintes si persévérantes sur sa prétendue servi-tude, c'est que la royauté voulait aussi avoir sa liberté et qu'elle ne pensait pas que les concessions dussent aller jusqu'à s'abdiquer elle-même et à se laisser complaisamment mettre un roseau à la main et une couronne d'épines sur la tête.

Ce fut le dernier terme de cette longue hypocrisie qui pendant si long-tems avait circonvenu le trône. La royauté, mieux inspirée, agita son sceptre pour montrer qu'elle le tenait encore et qu'elle voulait le garder. On sait comment fut reçue cette manifestation de la volonté royale. Un long cri de fureur sortit de toutes ces bouches qui naguère encore criaient · *Nous ne voulons d'autre Roi que César* ; cri de menace contre la monarchie à qui l'on ne parla dès-lors ni d'union, ni de paix, ni de dévouement , mais à qui l'on dit que *les liens entr'elle et la nation étaient brisés ,* mais à qui on montra sans voile les images sanglantes des victimes royales que revendiquent les fureurs populaires et les pages funestes où sont écrits les renversemens des trônes antiques ; cri effrayant , car il révéla la profondeur du mal et enseigna qu'il ne s'en fallait plus que de quelques momens d'illusion pour que la royauté ne s'appartînt plus et se trouvât livrée , sans même avoir combattu, à la discrétion du peuple devenu souverain.

Elle combattra sans doute maintenant ; mais en combat-tant sera-t-elle sûre de vaincre ? Question terrible à laquelle nous ne pouvons et ne devons répondre que par le silence. Tout ce que nous savons, c'est qu'une corruption intellectuelle sans exemple a pénétré dans toutes les parties du corps social.; corruption dogmatique et réfléchie que la multitude aime, caresse et qu'elle regarde comme la santé et la force; corruption qui nous a donné une aristocratie de nobles toute disposée à sacrifier le trône et une aristocratie de démocrates toute prête à l'envahir; corruption qui a souillé jusqu'au glaive de la justice et qui non-seulement a émoussé sa pointe entre les mains de ceux à qui il fut confié dans l'intérêt de la société, mais qui encore l'a rendu une arme meurtrière pour le trône lui-même qu'il devait défendre; corruption tellement grande que les sages même appellent la vérité du nom d'erreur et qu'on taxe d'imprudence et d'exagération les paroles destinées à rappeler la société à son origine divine, à sa destination divine, à son devoir de se constituer d'une manière divine; corruption tellement grande que la société entière est comme une vaste conspiration contre l'ordre et comme un cahos dans lequel il est impossible de faire briller un rayon de lumière sans blesser tous les yeux et effaroucher tous les regards. Tout ce que nous savons encore, c'est que les principes sont inflexibles; qu'ils développent avec une rigidité contre laquelle viennent se briser tous les efforts humains, les conséquences qu'ils portent dans leur sein; et que lorsque la société est sous la puissance fatale d'un principe désorganisateur, lorsque ce principe s'est incorporé en elle et vit de sa vie, la société est nécessairement en danger de mort. Or nous avons montré quel principe a pénétré dans la société actuelle et à quelle profondeur : nous laissons à ceux qui ont une conscience pour s'en servir et un jugement pour l'appliquer, d'apprécier sa situation et ses dangers.

Mais dussions-nous périr, il faut combattre encore, car c'est là le devoir jusqu'à la fin. Ce sera, nous l'espérons, un devoir bien rempli et surtout bien compris par les hommes que le trône a récemment appelés autour de lui. Que le triomphe couronne leurs efforts, c'est ce que nous n'osous nous promettre ni leur promettre. Des difficultés sans nombre et dont certes mieux que personne nous apprécions la gravité existent pour paralyser leurs généreuses intentions et frapper leur dévouement de stérilité. Mais si le présent doit leur échapper, qu'ils regardent l'avenir pour qui est faite l'espérance ; qu'ils préparent à des générations plus heureuses les moyens de rétablir et de réhabiliter la société ; qu'ils la mettent sur la voie de cette liberté vraie dont nous n'avons que le fantôme menteur, liberté qui n'existe pas plus lorsque les Rois sont faits pour les peuples que lorsque les peuples sont faits pour les Rois ; mais qui ne peut se rencontrer que là où les Rois et les peuples, abandonnant les uns et les autres des prétentions injustes à la domination absolue, viennent se confondre et s'unir dans la grande unité sociale qui se résout en Dieu même.

LE FRANC PARLEUR DU NORD.

LILLE. — Imprimerie de REBOUX-LEROY, Libraire, rue des Fossés, N.° 12.

www.ingramcontent.com/pod-product-compliance
Lightning Source LLC
Chambersburg PA
CBHW051152050726
47594CB00007B/2854